Zwischenräume

Dunkle Gedanken, Helle Gläser

Von Thomas SCHWARZ

Verlag: BoD · Books on Demand GmbH,
Überseering 33, 22297 Hamburg,
bod@bod.de
Druck: Libri Plureos GmbH,
Friedensallee 273, 22763 Hamburg
ISBN: 978-3-8192-1334-2

Für Lisa S.

Danke, dass du an meiner Seite bist und mit mir durch den Wahnsinn des Alltags gehst.

An meiner Seite.
Mitten im Chaos.
Mitten im Leben.

Vorwort:

Hallo lieber Leser,

ich schreibe schon seit vielen Jahren Gedichte – auch wenn ich sie lieber Notizen nenne. In ihnen tauche ich tief in meine Gedanken und Gefühle ein, dorthin, wo es manchmal schmerzt. Das bedeutet jedoch nicht, dass ich jeden Tag am Boden liege oder mich in Traurigkeit verliere. Natürlich begegnen mir Wut und Frustration im Alltag – so wie vielen anderen auch.

Was ich mit diesen Texten versuche, ist, meinen eigenen Weg zu finden, um mit dem Schmerz umzugehen, den das Leben mit sich bringen kann. Das Schreiben ist für mich zu einem heilsamen Werkzeug geworden – eine Form von Selbsttherapie.

Tatsächlich bin ich sehr glücklich mit meinem Leben. Ich habe in meiner persönlichen Entwicklung viel erreicht – auch wenn das auf den ersten Blick vielleicht nicht so wirkt, wenn man meine Texte liest. Deshalb möchte ich dir, lieber Leser, ans Herz legen: Nimm nicht alles, was du hier findest, allzu wörtlich. Vieles ist bewusst künstlerisch überzeichnet und soll Gefühle ausdrücken, nicht Tatsachen berichten.

Ich wünsche dir viel Freude beim Lesen – und vielleicht erkennst du dich ja in dem einen oder anderen Gedanken wieder.

T.S.

1.

Im Zweifel
Im Zweifel
Bin ich für die Katze
Bin ich für dich
Und für meinen Knacks
Im Zweifel
Will ich lachen
Und nicht weinen
Die Zeit wird kommen
Und du wirst sehen
Ich bin gewachsen
Dann werde ich
Alles machen
Machen was zu tun ist
Um meine Welt zu
Heilen
Und den kaputten
Rest zu begraben
Das ist alles
Was ich habe zu sagen
Die Gaben die ich habe
Waren nicht immer
Gut zu mir
Der Wahnsinn sitz tief
In der Seele
Doch
Im Zweifel
Werde ich lachend
Ins Meer

Gehen
Und nie
Wieder weinen

2.

Die Depression kommt,
ich sollte hinaus
hinaus gehen
und die Natur genießen
bin so schwach
hab nichts zu lachen

Die Manie kickt,
ich sollte mich beruhigen
Yoga machen
und entspannen
die Wellen vergehen wieder
alles wird auch irgendwann
irgendwann wieder langsam

3.

Bin verwirrt
Und kann mich nicht konzentrieren
Will nichts machen
Lesen, trinken, rauchen
Alles doch verschwendet
Muss lernen
Kann nicht warten
Auf die Zeit, wenn es besser wird
Wo ist sie??
Alles verloren
Alleine stehe ich da
In meiner gedankenwelt
Ist manchmal
Ja manchmal
Alles schwarz und weit weg
Wenn ich kämpfe
Kann ich verlieren
Ist doch nicht zu versuchen
Das ziel
Alles male ich schwarz
Und kann nicht mehr
Muss aber weiter machen
Es läuft weiter
Das leben
Eiskalt und düster
Regnet es immer in mir
Muss es doch lassen
Die sucht
Und die blauen Gedanken

Wenn ich dich sehe wir alles
Gut mein kind

4.

Das Wochenende hinter mir
Müde und KO
Gehe ich am Montag
In die Arbeit
Und lege mich gleich schlafen
Dabei immer ein Auge offen
Um sicher zu sein
Der Chef sieht mich nicht
Bin leider nicht bekifft
Und doch müde
Nicht alles ist gleich
Doch die Schläfrigkeit
Bleibt
Ist doch alles
Gekommen mit der Zeit

5.

Was ist zu machen
Was soll ich machen
Habe viele Sachen
Und bin trotzdem leer
Konsumiere und konsumiere
Bücher, Alkohol und Nikotin
Nichts reicht
Nichts genug
Kann es nicht lassen
Was ist los??
Wieder Nebel im Kopf
Und blitze im Hirn
Das Herz pumpt zu schnell
Die Gedanken rasen
Kann ich keine Ruhe finden

Aber das, was mich wirklich fertig macht
Sind die Stimmen
Die die mich begleiten
Und mir zuflüsstern
Ich kann nichts
Und
Bin nichts

Kämpfen für den Frieden
Ja, für den Frieden
Kämpfen
Und kämpfen
Und kämpfen

6.

Wie viele Nächte
Sind vergangen
Seit der Drogensucht
Polytoximanie
So viel genommen
So viel hat geknallt
Traurig und alleine
Doch der Bruder an der Seite
Schafft er es auch
Bin nur ich gegangen
Weiter und älter
Kann es sein
Bleibt immer
Einer übrig

Wenn ich an diese Nächte denke, ist es wie ein Traum.
Ich kann kaum glauben, dass ich so auf Droge war. Ich
nahm eigentlich alles, was ich bekam. Oft, viel und
regelmäßig.
15 Jahre hab ich in einem Nebel aus Tagen und Nächten
gelebt.
Nie wieder will ich dort hin zurück. Das Leben ist zu
schön, um auf Droge zu sein.

Zum Schluss bleibt zu sagen:

Ich kann das alles tragen

7.

Lieber Bruder
Es ist nicht einfach
Ich sehe dir es an
Es wird nie wieder
Einfach
Du hast abgenommen
Sind es die Drogen
Ist es die Depression
Wie geht es dir
Kann es nicht sagen
Muss Kontakt meiden
Bisschen weniger als früher
Kann nicht weitermachen
Sehe dir geht's nicht gut
Das tut weh
Denk an dich
So oft
Bist du doch der eine
Der den ich an meiner Seite haben will
Wenn ich durch die Hölle muss
Und zurück
Doch du bist eh schon dort
Jetzt gerade
Kann dir nicht helfen
Du willst es nicht
Bist nicht offen für Worte
Kennst nur Wut und Trauer
Es tut weh
Dich so zu sehen

Dabei
Solltest du doch wissen
Mir geht oft genau so
Doch eines
Eines weißt du nicht
Denn
Die echten Männer kämpfen
Und stehen wieder auf
Wenn sie fallen
Nur
Die Feiglinge nicht

8.

In der Arbeit sitz ich herum
Denke nach
Und fühle mich nutzlos
Nichts zu tun
Vielleicht schon
Aber
Nichts macht spaß
Alleine und einsam
Bin ich etwas
Das ist schade
Soviele Mensch um mich herum
Doch bin ich weit weg
Alleine auf einem Planeten
Voller Menschen
Und Wunder
Sehe ich aber nicht
Nur schwarz, kein grau
Alles verloren
Wann bin ich wieder mal
Am gewinnen
Immer dieses am Boden liegen
Niemals fliegen
Nichts was da ist
Warte nur bis das Grab
Vor mir liegt
Und ich nicht mehr da bin

9.

Dir geht's nicht gut
Ich wünsch dir mut
Für die sachen
Die vor dir liegen
Die die kommen werden
Dich niederreißen
In die tiefe
Doch dort
Ja auch dort
Finde ich dich
Bin bei dir
Wir zwei
Zusammen
Kämpfen uns den weg wieder hoch
Nur mut
Darin liegt das gute
Die stunden
Werden vergehen
Und wir werden
Uns auch irgendwann
Wieder niederlegen

10.

Trinken am Tag
Die Nacht am rauchen
Wie soll ich das
Das alle schaffen
Keine lust am leben
Und doch ist alles
Alles sehr lustig
Bisschen zum weinen
Auch
Doch der Schnaps hilft
Und der Traum
Vergeht
Von dem wir sagen
Es ist das Leben
Nur ein Witz
Bin froh, wenn es
Es das alles nicht
Nicht mehr gibt

11.

Berauschen
Und kaufen
Trinken
Und ficken
Doch nicht wirklich
Was davon
Gibt mir
Mehr
Alles kann kommen
Hab nichts gewonnen
Und bin am
Verlieren
Die Gesundheit
Die lust
Und den verstand
Wenn ich nicht
Bald
Dieses Buch schreibe
Werde ich sinken
Und weiter trinken
Bis die Frau mich verlässt
Und ich alleine
Mit Katze
In der Wohnung
Sitz
Und wix

12.

Meine liebe Verlobte
Es tut mir so leid
Das ich dich täusche
Ich bin
Süchtig

Süchtig und schwach
Kann alles nicht
Ertragen
Und liege in der gosse
Allein und verloren

Werde nie wieder
Oben schwimmen
Oder fliegen

Kann nur sagen
Ich versuche mein Bestes
Leider ist das
Ziemlich schlecht

Wenn ich trinke
Kann ich die Sorgen vergessen
Und weitermachen

Brauche es nicht jeden Tag
Aber hin und wieder

Vielleicht zu oft

Und du bist die daran
Leidet

Aber auch ich
Ich selbst

Ich weiß
Es ist nicht das Beste

Doch kann ich sagen
Trinnken
Kann ich am besten

Vergessen
Und manisch tanzen

Das Leben ist zum Lachen
Kann ich
Eigentlich
Irgendwas anderes
Machen??

13.

Wenn ich bin, am
Verzweifeln
Trinke ich
Und rauche
Ich
Bin kaputt
Doch eigentlich
Ein Mensch wie alle anderen
Allein und doch hier
Unter vielen
Will manchmal nicht hier sein
Die Pein ist groß
Und ich
Wie immer
Klein

Was soll ich euch sagen
Die sucht ist
Groß
Und wird größer
Kann es nicht lassen
Mich zu zerstören
Bis nichts mehr übrigbleibt
Und ich am Boden sinke
Zum schlafen
Bin so müde
Werde hier
Nur kurz
Liegen

Wir sehen uns gleich wieder
In meinen Träumen
Sind wir zusammen
Und kann es nicht lassen
Mit euch zu lachen
Über das Leben

Der ganze blödsin
Der uns belastet
Ist doch eigentlich nichts
Was wirklich zählt
Sind die Dinge
Die es in der materiellen Welt
Nicht gibt

Darum last uns austrinken
Und weiter rauchen
Bist auch alle anderen
Sehen
Wir sind in der Manege
Und die Show findet ein Ende

Auf euch und alle die tanzen
Ohne Musik und ohne Lichter
Allein
Für einen Selbst
Bin auch ich
Bei euch

14.

Langeweile
Erdrückende langeweile
Was kann ich machen
Brauche das Geld...

Hitze
Erdrückende Hitze
Was kann ich machen
Brauche die Sonne...

Müdigkeit
Erdrückende müdigkeit
Was kann ich machen
Brauche ein Bett...

15.

Heute
Heute bin ich allein
Mit meiner Welt
Und der Katze
Die die alles ist
Gott und teufel
Lust und Verlangen
Auf die bösen Dinge
Kommen immer wieder
Der Tag an dem alles
Endet
Ist weit entfernt
Doch bin ich so
Gespannt
Kämpf ich im zu
Gewinnen
Oder bin ich
Am verlieren

16.

Der Tag beginn
Und ich sehe
Jetzt schon keinen Sinn
Muss es lassen
Alle um mich herum zu hassen
Kann sein
Im schein
Des nicht alleine sein
Kenn so viele Menschen
Und kann es nicht lassen
Sie zu suchen
In den Gassen
Der Depression
Bin ich doch selbst
Den ich
Werde für immer
Hassen

17.

Gestern Nacht
Ewig munter
In der Früh die Katze
Iss und trinkt
Ich bin am Halluzinieren
Von den Tabletten
Dir mir helfen sollen
Doch in dieser Nacht
Hilft nichts
Die Gedanken fliegen
Und ich bin am Sinken
Finde keine Ruhe
Kann es nicht lassen
Zu denken
An all diese Sachen
Die mich heute
Nicht mehr schlafen lassen

18.

Zu viel
Was ich machen will
Zu viel
Was ich machen muss
Keine zeit
Die ich mir nehme
Für die Freuden
Am Leben
Werde weiter machen
Doch immer
Dabei lachen
Und nicht mehr weinen
Kann es sein
Die Sorgen werden klein
Hab sie gefunden
Die Freude
In der Routine
Und dem ewigen machen
Beschäftig sein
Ist doch dem Mensch
Sein schaffen

19.

Panik
Panik im herzen
Alles schwer
Es pumpt
Und schmerzt
der Körper schwitzt
ich bin am Platzen
und werde zerrissen
kann nur noch warten
nichts was mir Ruhe gibt
Panik
Panik im Herzen

20.

Gestern am trinken
Vermisse es immer
Kann es nicht lassen
Werde mich selbst
Vergessen
In der Flasche
Ertrinken
Und immer tiefer sinken
Auf den Boden
Bis ich unter
Dem Boden lieg
Und kotze
Die Welt ist
Ein brocken
Voller Idioten
Die es nicht können zu lassen
Sich gegenseitig
Zu
Hassen

21.

Die Lieder meiner Jugend
Lassen mich
Traurig werden
Altern lässt sich nicht
Beenden
Wird doch eh alles
Bald enden
Die Zeit rast dahin
Und ich bin
Im Fall
Der Emotionen
Oben und unten
Hin und her
Doch nie am
Untergehen

22.

Die Sucht
Ja, die Sucht
Ist nur ne Zigarette
Aber was soll der Scheiß
Immer und immer
Wieder
Kann es nicht lassen
Muss rauchen
Und manchmal dazu
Saufen
Will das alles nicht mehr
Muss es lassen
Versuchen geht über studieren
Lasse es einfach
Sag ich mir
Zum Glück gibt es Nikotin Pflaster
Wie soll man das sonst schaffen
Langsam dosis senken
So kann es gehen
Versuch 2.0
Wünscht mir Glück
Die Luft wird rein

23.

Wenn ich erwache
Und die welt schmerz
Ist schwarz
Und einsam
Dann versuche ich
Zu denken
An die schönen
Sachen
Auch wenn es nicht
Viel davon gibt
Ich erinnere mich
Und sehe in die Zukunft
Meine Zukunft
All das, was möglich ist
Versuche
Nicht zu verzweifeln
An den schmerz
Den ich
Spüre
Wenn ich erwache
Und wie welt
So sehr schmerz

24.

Sitze herum
Und denk
Alles
Ist weit weg
Dunkelblau
Und düster
Ist das herz in mir
Den die Liebe ist wo anders
Und ich kann nicht
Anders
Als auch
Trinken und trinken
Tanzen zur musik
Und vergessen machen
Den Schmerz
Des getrennt seins
Dann wieder das starren
In die leere
Doch dieser ort
Ist tief in mir
Dort findet mich keiner
Auch nicht der Schmerz
Hier ist
Alles leer
Klein
Und blau

25.

Die Süchte sind weg
Fast alle
Ja fast
Ja fast alle
Doch das nikotin
Ist immer da
Kann nicht ohne
Den Rauch
Muss die Lunge
Füllen
Und fühlen
Wenn ich einatme
Das gift
Und mich selbst
Vergift
Kann es nicht
Lassen
Die sucht
Ja die sucht
Ist ein Dämon
Der mich verfolgt
Ins Grab treibt
Und mich besiegt
Ja machnchmal
Bin ich
So klein

26.

Soll ich
Die Tablette nehmen
Hilft es mir
Brauch ich es
Ich weiß es nicht
Wenn es hilft
Warum nicht
Doch will ich nicht
Brauch es
Nicht

27.

Kann ich noch
Weiter machen
Weitere 10 Jahre
Wie lang soll es
Weiter gehen
Finde manchmal
Keinen sinn
Im Leben
Wütend und traurig
Wie die Dinge laufen
Das treiben der Erde
Steht auf einem
Wackelige bein
Finde keinen
Der ist rein
Bleib besoffen
Und manchmal ein Schwein
Das frisst und trinkt
So fett
Bin ich geworden
Die leiche
Wird schwer zu heben
Sein
Das letzte, was bleibt
Ist ein Körper
Der alles andere ist
Als
klein

28.

Lesen das die Leute
Denken sie nach
Ich selbst lese nie doppelt
Denke nie nach
Bin immer
Am schlafen
Der Körper schwer
Die Lunge leicht
Und kaputt
Kann es nicht lassen
Sie Sucht ruft
Und ich bin so schwach
Schwach zum kämpfen
Werde doch irgendwann
Sterben
Das ist gewiss
Will zum Schluss
Nicht die Abhängigkeit
Beleben
Kann doch sonst auch
Die sachen
Lassen
Lese nie doppelt
So werde ich
Es machen

29.

Was soll ich machen
Wenn ich nicht mehr kann
Alles nicht mehr will
Alles so sehr hasse
Das Gute wie das Böse
Die Lust und die sucht
Nichts mehr geht
Bin am Boden
Und noch tiefer
Gefallen
Sehe nicht
Wie ich hier rauskomme
Aus der Tiefe
Dunkelschwarz
Und finster ist der Gedanke
Doch leider der einzige
Der mich hier noch hält
Nichts was bleibt
So werde ich mich melden
Zu einer anderen
Zeit

30.

Den Kampf verloren
Hab ich Kraft
Kann ich weiter machen
Wieder aufstehen
Sagte ich nicht
Nur der Waschlappen
Steht nicht mehr auf
Doch wie oft muss man fallen
Kann ich weitermachen
Immer und immer
Wieder

31.

Manchmal hasse ich
Hasse ich alles
Ich koche vor wut
Doch unterdrücke sie
Bis sie kommt heraus
Kalt und dunkel
Nicht warm und hell
Kalt und dunkel
Zerstört es mich
Liege in der höhle
Vielleicht auch die hölle
Allein und einsam
Niemand da
Kämpfe ich nicht mehr
Hab versagt
Und gebe auf
Lasst mich liegen
Ich bin es nicht wert
Kann keinen schritt gehen
Und blute aus den ohren
Der nase
Dabei kotze ich mein Inneres aus
Und lege nur herum
Denn die Wut und der Hasse
Sind kalt
Kalt wie Eis

32.

Vielleicht sollte ich
Die dinge anders sehen
Nicht mehr traurig
Nicht mehr voller wut
Es tut mir nicht gut
Die welt ist skurril
Und ich bin teil davon
Gehöre dazu
Bin sehr eigen
Jahre lang schreiben
Nur für die Sache an sich
Ohne sinn
Kann weiter traurig sein
Und bleiben
Wie ich bin
Oder
Oder
Die Dinge anders sehen
Nie mehr weinen
Immer kämpfen
Unter weiter machen
Dabei nie vergessen
Das Lachen

33.

Tage ein und Tag aus
Bis auf das Wochenende
Kämpfe ich mit der Arbeit
Warum brauche ich sie
Ja fürs Geld
Aber meine Berufung ist es nicht
Will nur lesen und schreiben
Nie mehr viel trinken
Und mir das rauchen
Abgewöhnen
Kann es nicht
Wenn ich in der Arbeit bin
Die Wut über das System
Hat mich fest im Griff
Kann nicht entkommen
Hat sich die gesamte Welt
Denn angepisst!

34.

Die Freundin gestresst
Gibt es kein Fest?
Bin allein
Die Katze nervt
Und der Alkohol betäubt
Das Rauchen der ewige Begleiter
Kann bald nicht mehr weiter
Muss lachen und lachen
Über die Sachen
Die mich hier kaputt machen
Will nicht weiter
Den der ewige Begleiter
Lässt keine Ruhe
Hänge an der Kette
So wie der Rest von uns
Die Menschen
Immer alleine und gefangen
Alles kann sich ergeben
Leider muss ich mich
Schon wieder
Übergeben

35.

Die Wucht trifft mich
Häftig
Und krass
Alles verschätzt
Das Zeug ist zu stark
Ich bin in
Anderen welten
Und kann doch nicht träumen
Im Dunklen sitze ich und weine
Alleine sehe ich mich
Dort sitzen
Dort sitzen
Alleine
Und einsam
Doch die wucht der Drogen
Trifft mich stark
Und so gibt es mir Kraft
Das alles besser wird
Wenn es verschiwndet
Die Wut
Die Trauer
Und die Sucht
Von diesen
Von diesen
Verdammten
Drogen
So löst es sich auf
In einem Traum
Der keine Gedanken hat

Und von niemanden
Niedergeschrieben wird
Und nie geträumt wird
Nicht gesehen
Und nicht gefühlt

Alleine bin ich immer noch
Hier in meinem Zimmer
Auf Drogen
Dem kann ich nicht entkommen

36.

Alles kann ich lassen
Die Drogen
Die Wut
Und
Die Trauer
Doch von dir Kleine
Kann ich nicht
Lassen
Bist doch schon so lange
Da
Hier bei mir
In meinem Herzen
Und meinen Gedanken
Und bald
Werden wir Heiraten
Das kann ich weitermachen
Immer wieder
Und ewig
Will ich bei dir sein
Das Leben mit dir
Ist doch
Immer wieder
Ein wunderschöner
Traum

37.

Langeweile
Immer mehr
Und wird nicht weniger
Kann die zeit nicht beschleunigen
Ist die frage
Will ich das wirklich?
Muss doch weiter hier sitzen
Und warten
Auf die Stunden
Dass ich wieder gehen kann
Und dann
Feiern
Lesen
Und trinken
Küssen
Kuscheln
Mit der Wahren
Und weiter warten
Auf die zeit
Wenn ich
Wieder diese Lageweile
Verspüre
Und warte
Auf die Langeweile

38.

Krank und
Allein
Sitz ich da und
Wein
Kann nicht glauben
Das sie es mir rauben
Das Lachen und
Ich einfach so
Weiter mache

Muss kämpfen für
Glück
Gegen die Dunkelheit
Und immer wieder
Bestehen
Weil die Welt
So grausam ist
Und ich klein

Kann das alles wirklich
Nur ein böser
Traum
Sein

39.

Was soll ich sagen
Kann nicht graben
Weiter
In die Tiefe
Muss
Es lassen und
Die Höhle
Genießen
In der ich bin

Alles um mich herum
Dunkel
Und nass

Wo bin ich hier nur?
Kann nicht glauben
Alles selbst geschaffen
Find ich hier wieder
Raus?

40.

Musik und bier
Ein Tier
Es kämpft mit mir
Und zwingt mich nieder
Die kleinen Sachen kann ich schaffen
Die Großen
Nicht
Doch immer
Immer hin
Besser als nichts
Bin ich es doch wert
Nüchtern zu bleiben
Und nicht mehr weiter
Trinken
Alleine
Am liebsten
Viel
Und unkontrolliert
Das Tier ruft
Und ich muss folgen
Wer hat wen an
Der
Leine?

41.

Sie sagen
Geld macht nicht glücklich
Ich sehe das anders
Es ist nicht das Wahre Glück
Aber die sorgen
Nimmt es
Und ich habe zuwenig
Viel zu wenig
Und sorgen
Genug
So bleibt nichts anders
Als den billigen
Whisky zu trinken
Und die sorgen
Zu ertränken

Okay, der teure Whisky macht nichts besser
Du bist genau so besoffen
Und am nächsten Morgen
Kaputt

Geld haben oder nicht
Die Sorgen bleiben

Das Glas wird leerer
Und der Kopf schwer

42.

Ruhe
Ruhe haben
Ruhe finden
Die Ruhe, selbst
Sein
Das kann es geben
Hier und da
Klein
Und doch so viel
Bei dir und mit dir
Bin ich angekommen
Und kann
Entspannen
Ruhe
Ruhe haben
Ruhe finden
Die Ruhe, selbst
sein

43.

Sinn finden
In der routine
Doch keine Freude haben
Das kann es nicht sein
Muss weiter machen
Die traurigkeit darf nicht sein
Oder doch?
Wer oder was
Kann sie mir nehmen
Wenn ich am boden bin
Bleib ich auch dort
Eine weile
Kann es dauern
Bis ich wieder aufstehe
Bin hier eigentlich nicht gerne
Doch was soll ich machen?
Die Welt kaputt
Und hässlich
Will manchmal echt nicht
Weitermachen
Muss es aber
Doch warum
Muss ich wirklich
Weiter
Machen???

44.

Schwarz ist der Name
Die Seele
Die Lunge
Und die Gedanken

Hell ist die Katze
Die Verlobte
Und das Glück
In der eigenen Wohnung

Beides vermischt sich zu einem
Grau
Vielleicht auch blau

Rot ist es nie
Und grün kann es werden

Die Farben des Lebens
Lassen mich glauben
Auch ohne die drogen
LSD und Gras
Kann es zufriedenheit geben

45.

Ich bin gefangen
Sie hat mich fest im Griff
Keine Energie
Keine Kraft
Lange liege ich hier
Und denke nach
Über mein leben
Meine Ziele
Und mein sein
Kann ich bleiben
Wo ich bin
Oder muss ich mich bewegen
Lasst mich hier liegen
Und geht weiter
Es gibt nichts zu sehen
Denn im grab
Gibt es keinen
Segen

46.

Die Frau gibt mir Kraft
Für die Katze mach ich weiter
Und für mich
Versuche ich es
Die Möglichkeit
Des weitermachens
Bleibt bestehen
Ein Ende kann
Es ja jederzeit
Geben
Und so sitz ich hier
Und schreibe
Mir den Frust von der Seele
Und mache weiter
Und weiter
Und weiter
Bis irgendwann das
Hier wer liest
Und sich denkt
Jetzt hab ich lust
Mich zu betrinken
Und zu singen
Auf Papier
Oder zur Musik
Das Leben
Hat uns alle
Noch
Nicht besiegt!

47.

Es muss ein Ende finden
Die arbeit nervt
Ich kündige
Sag nochmals tschüss
Und gehe
Hier und jetzt bin ich weg
Und lass es mir gut gehen
Das Leben hat mehr zu bieten
Als immer dieser Scheiß
Ich wollte nicht mehr
Und ging
In die Freiheit
Und eine schöne Zukunft
Doch was ist das?
Der nächste Job kommt schon
Was soll das?
Kann es wirklich nie
Ein Ende
Finden...

48.

Der Kopf ist hellwach
Die gedanken rasen
Und ich kann wieder mal
Nicht schlafen
Muss etwas finden was ich immer machen kann
Bis zum ende und
Dabei spaß haben
Will lesen
Und schreiben
Schach spielen
Und zocken
Musik hören
Trinken und rauchen
Ficken und schnaufen
Alles zur selben zeit
Finden keinen platz
Das macht
Mein herz
Manchaml traurig
Die zeit so wenig
Das leben so kurz
Man muss Prioritäten setzen
Denn für
Alles
Ist keine
Zeit
Doch hin und wieder
Sicher für
Das gläschen Wein.

49.

Zu Weihnachten
versuche ich,
die Wut und den Hass zu vergessen,
mich treiben zu lassen
und es einfach zu genießen:
das Leben
und die Freude
über die Frau
an meiner Seite.
Die Drogen liegen
(fast)
hinter mir,
und ich sehe wieder Licht,
schwimme auf
dem Meer des Lebens,
das so schön sein kann,
wenn man nur vergisst:
die Wut
und den Hass,
zu Weihnachten.

50.

Zweifel durch dringen mich
Und ich kann nicht lockerlassen
Hieß es nicht
Du kannst alles machen
Alles schaffen
Ich kämpfe kämpfe die ich nicht haben sollte
Doch
Hier bin ich
Im Bett und
Kann nicht schlafen
Denke über Reichtümern nach
Und Genialität
Dabei bin ich gut genug
Und heutzutage können das eh immer weniger
Menschen sagen
Viele sind total neben der Spur menschlich
Aber wie könnte man es ihnen übelnehmen
War doch ich selbst in diesem Kapitel
Habe aber weitergelesen
Das Ende ist noch ungewisse
Nur eines ist sicher
Das Buch wird zugeschlagen
Ins Regal gestellt und
Vergessen
Die letzte Zeile ist noch nicht geschrieben
Möge es mit einem liebevollen
Fuck you all
Enden...

51.

Mittelmaß ist kein Übel
Was machst du, wenn du
Über das Ziel
Hinausschießt
Bleibst so oder so
Am Boden
Und kannst nicht
Glücklich sein
Wenn du dich in der Mitte
Verbirgst
Und dort sicher unter
Der warmen Decke liegst
Kannst du Zufriedenheit
Finden
Und bist glücklich
Ist das nicht Ziel und Zweck
Glücklich sein
Und sterben
Ohne
Verzweiflung
Und immer
Diesen Selbsthass
Somit bleib
In der Mitte
Glücklich
Unter der
Decke

52.

Was mach ich hier?
Sollte mein buch
Weiterschreiben
Kann ich das?
Muss ich das?
Will ich das überhaupt...
Wer weiß ob es erfolgt, bringt
Don't do it for money
Sagt Bukowski
Bist du breit für den wahnsin
Den erfolg
Die Qual, wenn du deine
Seele zerreißt
Kann ich das
Ich will das!
Ja, ich muss das!
Ich bin so weit
Jetzt kann ich
Sterben

53.

Kreativität kommt
Manchmal nur auf Alk
Doch auch nüchtern
Kommt sie
Und ich liebe sie
Möchte sie immer benutzen
Tag und nach an ihr
Und mit ihr
Arbeiten
Weiter machen
Und nie
Aufhören
Sie zu nutzen
Benutzen
Und mich immer wieder wundern
Wie sie mich mit Gedanken
Fickt
Die einfach auf Papier
Müssen

54.

Ich kann nicht schlafen
Und träumen
In dieser welt
Zuviel das hier ist
Was mich auslacht
Zuviel was ich nicht kann
Was ich nicht will
Muss es doch weiter versuchen
Für die leute
Die ich berührte
Und meine katze
Sie ist immer da
Und ich kann nicht an ihr grab
Wenn es so weit ist
Werde ich weinen
Und wie einmal
Kann ich nicht schlafen
Die gedanken halten mich wach
Und ich habe ganz erlich gesagt
Angst
Vor dem was noch kommt
Und kann mich dann doch nicht berührigen
Mit dem alk und den drogen
Muss es versuchen
Und weiterleben
In Angst
Werde ich verweilen
Bis es ein ende nimmt

55.

Die Arbeit
Bald vorbei
Das leben kann
Beginnen
Die sonne soll
Kommen
Und ich bin wieder
Am
Gewinnen
Oben auf
Und gut drauf
Kann ich alles
Schaffen
Muss nichts
Mehr
Liegen lassen
Bin dann mal am
Machen
Von den
Schönen
Sachen

56.

Wie lange
Kann die Stille
Noch dröhnen
Mich berauschen
Und verkaufen
Bis alle lachen
Und ich alleine
Bleibe
Hier und dort
Im Zimmer
In den
Zwischenräumen
Bei dunklen Gedanken
Und hellen Gläsern

57.

Neuer Job
Und neuer Mut
Kann sein
Das mir das
Gut tut
Habe Angst vor dem neuem
Liegt irgendwie
Im Menschsein
Altes hinter mir lassen
Dabei immer weiter
Machen
Hoffen auf den Erfolg
Und das licht
Das glück
Und die Liebe
Kann es geben
Einiges hab ich gefunden
Anderes wird noch kommen
Immer weiter
Machen
Und nie aufgeben
Man sollte einfach
Machen

58.

Ist die welt kaputt
Oder bin ich nur faul
Zu schwach etwas
Zu ändern
Die dinge zu lenken
In meinem umfeld
Wäre möglich
Doch bin ich auch nur
Ein Schaf
Was sein Gras essen will
Und trinken will
Brot und spiele für die
Lemminge
Ich kann nicht weiter machen
Ob ich je begonnen
Habe
Ist fraglich und zu verneinen
Ich bin schwach
Und doch nicht allein
Zusammen sind wir
Stark
Und sicherlich nicht klein
Sind wir doch 99% der Menschen
Bleibt zu sagen
Kämpfen
Kämpfen
Kämpfen

59.

Diese Stadt
Saugt mich ein
Und frisst mich auf.
Die Dinge
Sie glänzen
Neonlicht
In der Nacht.
Ganz allein
Kann ich sein
Und doch immer bei dir.
Mein Herz schmerzt
Und ich muss sagen:
Ich kann nicht graben
Nach den Dingen,
Die mich
Heilen.
Ich will leiden,
Sagen die einen,
Und ich bin
Fein
Mit der Armut
Des Geliebtseins.

60.

Ich könnte
Ja könnte
Alles zerstören
Alles essen
Alles rauchen und trinken
Alles in mich aufnehmen
Und kauen, inhalieren und schlucken
Nur um dann
Wieder einmal
Zu kotzen
Und am Boden
Zu liegen
Traurig und allein
Im ewig
Dahinleben
Nie das Licht sehen
Nur die Dunkelheit
Meines seins
Ewig und immer
Gefangen
Kann
Mich nichts
Mehr retten
Alles bleibt
Wie es ist
Ich allein
Und ein Schwein

61.

Wut ist der Pfad
Wut der Motivator
Wut die Bürde
Wut das Ende
Und ich kann nicht anders
Als immer wütend sein
Auf mich und mein
So dumm sein
Kann die Süchte nicht immer
Bekämpfen
Und wenn doch
Verliere ich so oft
Will mich ändern
Und es besser machen
Doch Sport ist anstrengend
Und die Flasche öffnen so leicht
Da kann doch keiner sagen
Es lohnt sich
Wenn beides hilft
Was mach ich nur?
Ich will nicht leben mit dieser Wut
Kannst du bisschen davontragen
Und auch mich tragen
Ein Stück des Weges
Ich bin so wütend
Das ich es nicht alleine schaffe
Und mir selbst im wege stehe
Alles zerschlage
Und dann mich wundere

Das ich mich schneide
An den Scherben meines Lebens
Will nicht bluten
Sondern heilen
Kann es so sein
Das zum heilen
Die verletzung dazu gehört
Doch die frage die sich mir stellt
Ist wie viel Blut
Kann ich noch verlieren
Bevor ich blass und einsam
Schlafen gehe
Und nie wieder
Den süßen Schmerz
Meines Lebens finde

62.

Wenn die Katze schreit
Ist sie munter
Die Frau im Bett
Und ich schon längst
Wie soll das weitergehen
Die Katze schreit
Am Morgen
Nach Essen
Und aufmerksamkeit
Ich bin dabei
Zu trinken
Den Kaffee
Am Morgen
Doch die Frau will schlafen
Und sie braucht die ruhe
Wie soll das weitergehen
Wenn wir
Doch haben
Ein Baby
Im
Leben

63.

What the fuck..
Was ist los!?!
Wie kann es sein
Ich finde keine Ruhe
Und kein Glück
Bin doch bei dir
Zu zweit
Doch die Seele
Ist im auf und ab
Kein Platz
Und finde keinen Schatz
Kein Gold
Oder Silber
Die tränen der seele
Lassen mich schwinden
Und ich kann
Nur singen
Lass mich finden
Den Frieden
Im Schlafen
Dem ewigen
Schlafen
Und alleine
Sein

64.

Stoner Rock
Wie das pocht
Und der Schnaps dazu
Mit dir im Bett
Und die Katze
Beobachtet uns
Kann ich leben
Und die Sorgen
Vergessen
Muss nicht
Rennt weiter
Gegen die Wand
Und bleib dabei
Immer das Kind
Welches
Träumt
Vom schönen Leben
Und der
Besseren
Welt
Wer braucht schon
Das ganze Geld

65.

Die träume jagen
Mich
Und ich entkomme
Nicht
Muss alles neu
Benennen
Alles neu
Gestalten
Weitermachen
Und lachen
Auch wenn
Die tränen
Mir kommen
Die Welt ist
Kaputt
Und keiner kann
Uns helfen
Jeder denkt an sich
Und die
Die die macht haben
Wollen uns
Nichts gutes
Tun
Also
Bleibe nur ich
Der auf sich selbst
Schaut
Bis zum Ende
Werde ich

Es nicht glauben
Die Welt
Ein Tollhaus
Mit Kirschen
Und Trauben

66.

Ganz im ernst
Ich habe viel
Bin ein glücklicher Mann
Viel geschafft
Und viel verbessert
Mein Leben war nie schöner
Möge es immer so bleiben
Die zeiten in denen
Ich kraft brauche
Werde ich das lesen
Und mich erinnern
An alles was ich habe
Die Liebe der Frau
Die Katze
Und meine Bücher
Die Stoiker
Die mich stätig
Verbessern
Und die Lust
Am leben
Ohne Drogenrausch
Ohne
Diesem ständigem
Blauen
Rauschen
Meines Kopfes
Alles kann bleiben wie es
Ist
Habe nichts vermisst

67.

Der Nachmittag frei
So gut wie
Bisschen Haushalt
Alles für die Eine
Meine Frau
Und die Katze
Wie sehr ich die beiden liebe
Kann es kaum glauben
Diese Welt gehört mir
Nicht nur
Aber auch
Und ich bebaue sie
Mit Glück und Hoffnung
Das was wir in diesen Zeiten
Brauchen können
Nicht allen geht es so gut
Und viele müssen kämpfen
Aber auch ich spüre den Schmerz
Er ist ein Teil von mir
Und nie weg
Doch gequält bin ich nicht von ihm
Langsam singe ich ihn in den schlaf
Und auch mich
Mit Frau und Katze
Im Bett
Lässt sich es gut
Leben

68.

Wir das jemand lesen
Kommt es darauf an
Mach ich es für mich
Oder für dich
Für euch
Für den Teufel in mir
Will ich es
Und muss ich weitermachen
Fühlt es sich doch so gut an
Und ich kann nicht stoppen, wenn
Es beginnt
Will mehr und mehr
Höher hinaus
Und das Licht sehen
Von unten in der Dunkelheit
Bin mal dort und da
Kann nicht bleiben an einem Ort
Und muss mich verstecken
Vor den Leuten
Will aber das alle mich sehen
Und keiner mich versteht
Schreib ich doch für mich und die Katze
Das kalte Bier
Und im Wein liegt die Wahrheit
Der Whisky wärmt
Und der Dampf und Rauch steigt auf
Im Nebel lässt
Es sich gut
Leben!

69.

Der Sex ist ein Segen
Nie mehr diese Pornos
Voll ekelhafter Nahaufnahmen
Und unerotischer
Begebenheiten
Stiefmutter, Stiefschwester
Warum steckst du fest
Warum ist hier Stroh und warum
Hast du diese Maske auf
Der Sex kann so schön sein
So geil und erotisch
Wenn man es sich nicht nur selbst macht
Voller langweile und Lustlosigkeit
Sondern aus Liebe und Freude
Aus Geilheit und Lust auf die Ektase
Ich will dich hier und jetzt
Ist nicht nur ne Phase
Und sicher keine Phrase!

70.

Feiertag
Und frei am Tag
Die Nacht gehört der Frau
Aber jetzt das Bier
Und eine kleine Notiz
Schimpft sich Gedicht
Was für ein Witz
Möchte schreiben
Und teilen
Die Gedanken
In mir
Die Erfahrungen die ich sehe
Keiner da der es hört
Nur die frau
Sagt am Abend
Lass mal lesen
Nicht so schlecht
Mir gefällt es gut
So kenne ich dich bisschen besser
Bist sonst so verschlossen
Und alleine
Mit deinen Gedanken
Dabei wandern wir doch
Denselben weg
Und du bist hin und wieder
Der Führer
Also sag mir
Wo geht es lang
ich kann nicht lesen

71.

Der Regen wäscht es weg
Mein selbst und den Rest
Bin schon lange nicht mehr da
Schwimme irgendwo
In der tiefe mit meinen Gedanken
Kann es Frieden geben
In der Welt
In mir
Ist doch nur Finsternis
Und die Angst
Vor dem
Nicht genug sein
Nicht richtig zu sein
Alleine zu bleiben
Nähe macht Angst
Und doch so gewollt
Kann es aushalten
Die Angst
Der regen wäscht es weg

72.

Was soll ich machen
In dieser Welt
Die nichts zu bieten hat
Ein schwarzer Moloch
Voller Wut und Tod
Kann hier nicht mehr atmen
Muss die Freiheit suchen
Mit den Gedanken bin ich frei
Und die Bosheit liegt noch nicht entfaltet
Denn die Bosheit wird durch die Tat gestaltet
Besser kann ich es nicht sagen
Sind nicht mal meine worte
Denn meine Worte sind die
Sind die eines Kindes
Welches traurig und wütend ist
Auf die Welt
Und das nicht schaffen
Glück zu haben
Ist wie ein Vogel
Und muss frei sein
Kann es nicht fest Halten
Wird zerstört
Doch so wichtig
Und ohne
Kann es keinen Frieden geben
Nicht in mir und der Wut
Muss schlagen und beißen
Reißen und kreischen
Schreien und lachen

Weinen und schlafen
Träumen
Kommt drauf an was dort auf mich wartet
Ein Traum
Kann alles sein
Ist das hier ein Traum
Oder doch nur das Nächste Level
Welches ich spiele
Und mein Leben ein Tollhaus
Voller Idioten
Die ich führe
In den Abgrund
Warum hört ihr auf mich
Und stellt euch nicht der Wut
Auf auch selbst und auf mich
Was rede ich da
Bin ja nur ich
Hass und Trauer
Auf die Welt
Meine Welt
Das bin ich
Und ich bleibe
Hier
Blut verschmiert
Verletzt und zum Streben
Alleine gelassen
Bis auch ihr mich hasst
Das Ende kann kommen
Ich bin jetzt schon wie
Benommen

73.

Kann manchmal
Nicht weiter machen
Und will nur trinken
Es vergessen
Das Loch in meinem Herzen füllen
Und tanzen
Zu dem Lied der Toten
Sind wir nicht alle verbrannt
Und ausgebrannt
Kann es sein, dass du weitermachst
Wie schaffst du das
Hier in dieser Welt
Ist doch wirklich alles schlecht
Zum Glück in den eignen vier Wänden
Gibt es frieden
Doch kann ich nicht für immer
Hierbleiben
Muss hinaus
Und mich jagen lassen
Von den Idioten
Und ich gehöre schon dazu
Sind wir alle Teil eines großen
Ganzen
Verloren und verlassen
Bin gezeichnet von den Narben
Auf meiner haut
Manche sagen
Das ist das
Leben

74.

Bin ich bei dir
Ist alles anders
Die Wut und die Trauer weg
Kann weitermachen
Noch eine Runde hier
Muss nicht sterben
Muss nicht gehen
In die dunkle Höhle
Wo nichts auf mich wartet
Bleibe lieber hier
Bei dir
dort kann ich träumen
und hoffen
bei dir
ist ein sicherer Hafen
aber ich sehe es auch in dir
es geht dir ähnlich
ich glaube manchmal
allen geht es so
aber mich interessieren
nicht alle
die Katze und du
ihr seid meine Welt
und ich versuche zu vergessen
was mich belastet
deine Küsse geben mir Kraft
so dass mir nichts etwas ausmacht

75.

Was ist der Sinn
Von allem
Sehe ihn so selten
Kann manchmal
Nicht weitermachen
Bleibt nur das lachen
Und der Rauch
Der mich schweben lässt
Der Staub der mich antreibt
Das Getränk
Das mir den Schmerz nimmt
Und die Katze

Ja, vielleicht ist das der Sinn
Die Katze
Was würde er ohne mich machen
Solange kümmere ich mich schon
Um ihn
Doch wird er vor mir gehen
Und dann?

Was ist der Sinn..
Hab doch wieder keinen gefunden
Leben um zu leben
Weitermachen
Fallen und aufstehen
Der ewige Kampf

Bis der alte freund kommt
Und jeden schmerz
Nimmt
Und ich endlich
Frieden find

Mein Kopf ist schwer
Und so auch mein Herz
Nichts will
Passen

Ich werde es einfach lassen
Und feiern
Das Leben
Zum Glück wurde es mir
Gegeben

76.

Glück liegt
In den kleinen Dingen
Liegt mir nicht
Zu Füßen
Und ist hart umkämpft bei manchen
Dabei schaut doch nur
Auf die Katze
Den Hund
Die Echse
Alles lebt um uns herum
In frieden
Und Gelassenheit
So war es immer
Schon
Die kleinen Dinge
Sind es wo ich es finde
Glück und das Schöne
Der Kuss, die Berührung
Die Umarmung
Die Liebe
Und das vertrauen
Dass es besser wird
Alles vergeht
Auch der schmerz
Und
Die Wut
Was bleiben soll
Ist die Zuversicht
Dass die kleinen Dinge reichen

Der Kaffee
Und vielleicht sogar
Die Zigarette
Nicht die besten dinge
Vielleicht lieber
Das Brettspielen
Und die Sonne
Die Luft
Und die Dusche
Bleibt bei den kleinen Dingen
Sag ich euch
In ihnen
Liegt
Das Glück

77.

Muss ich so ein
Punk sein
Gegen den Wind
Pissen
Und mich wären
Gegen alles und jeden
Kann ich mich nicht fügen
Es gut sein lassen
Und mich beugen
Der neuen Welt
Und mit schwimmen
Es guthaben
Fett und lachend
Besoffen und schlecht informiert
Will ich weiterkämpfen
Gegen Menschen
Denen ist es doch egal
Und ich verletzte nur mich selbst
Mein Kopf tut weh
Wegen dem immer gegen die Wand
Rennen
Und ich komm nicht raus
Aus dem Zirkus
Des ewigen
Arbeiten gehen
Und Rechnungen zahlen

78.

Die Ex meldet sich
Vielleicht war auch ich es
Es ist nicht wichtig
Denn es geht ihr gut
Und mir geht es auch gut
Wir können leben
Jeder für sich
Und sporadisch hört man sich
Nur ein hallo
Kein Flirten
Ist nicht nötig
Ich bin glücklich
Sie auch
Und gut ist
Nach all den Jahren
Darf es auch gut
Sein
Und in der Vergangenheit liegen
Lange ist es her
Und keine Wut kommt mehr hoch
Freu mich für sie
Und auch sehr für mich
Das etwas neues möglich ist
Und jeder für sich glücklich sein
Kann
Altes darf ruhen
Und hinter einem gelassen
Werden

79.

Gemütlich in der Früh
Trink ich meinen Kaffee
Und wunder mich über die Leute
Die Menschen
Die jungen wie die Alten
Wo bin ich
Irgendwo dazwischen
In den Zwischenräumen
Der Gesellschaft
Und mach mein Ding
Lese zu viel Zeitung
Und schau zu viel Social Media
Bin ein Teil von beiden
Zu jung, um blöd zu sein
Zu alt, um seriös zu sein

80.

Lasst uns glücklich sein
Lange leben und spaß haben
Das Ende kommt schon bald
Die Eltern werden alt
Und die Kinder groß
Deine Geschichten hat jeder schon gehört
Und dich treibt es immer noch an
Die Suche nach dir selbst
Und den Frieden
Also nochmals: lasst uns glücklich sein
Es wird alles gut
Und der schmerz verschwindet
Was am Ende bleibt
Ist die Frau an meiner Seite
Und die Katze die ich ewig vermissen werde
Das kleine glück – ja, hatte ich
Und ich bin bereit
Für noch ein Abenteuer
Der weg muss gegangen werden
Und ich habe bisschen Angst was kommen mag
Doch es stimmt mich froh
Es wird gut sein
Denn ich kann endlich
Glücklich
sein

81.

Kind sein
Kann schön sein
Freude und Lust an allem haben
Die Sonne sehen
Und glücklich sein
So will ich
Mir Zeit nehmen
Für mich selbst
Das wieder zu erleben
Und weiterzugeben
An die nächste Generation
Es geht weiter
Mein Geschlecht wir nicht sterben
Ein Teil von mir wird
Weiterleben
Und ich kann es kaum glauben
Ich werde Vater sein
Muss mich entwickeln
Und hineinwachsen
In die rolle
Es gibt mehr zu tun
Und ich bin gespannt
Wie es sich ergeben wird
Das Leben zu
Viert

82.

Die Katze ist schlimm
Und ich beginn
Zu glauben
Es wird sich nicht ändern
Wird schlimmer
Und schlimmer
Doch liebe ich ihn
Für immer

83.

Schaff ich es nicht
Die Sucht zu besiegen
Bin ich schwach?
Hab mir so viel
Abgewöhnt
Doch das Nikotin
Ist der Teufel
Immer und überall
Verfügbar
Wirkt so schnell
Und ich kann
Nicht anders
Als zu schweben
Im Nebel
Und muss mich vergiften
Es wird mich
Irgendwann
Richten
Und ich werde
Mich wundern
Warum ich sterbe
Am Lungenkrebs
Und einen Herzinfarkt bekomme
Gelbe zähne habe
Und alles voller Gift
Wie sehr ich mich
Und meine stärke
Vermiss

84.

Enttäusche ich die Menschen
Um mich herum
Bin so wie ich bin
Aber nicht zufrieden damit
Will mich ändern
Und kämpfe
Immer weiter schleifen
Der eckige stein der ich bin
Und muss glätten
Die kanten
Die kanten der sucht
Der Wut und Trauer
Bis nur noch Schönheit übrigbleibt
Doch bin ich so
Kann es nicht sagen
Ob es zu mir gehört
Und ich ewig weiterkämpfen
Muss
Bis der ewige schlaf kommt
Und mich mitnimmt
In eine Welt
Wo sich alles auflöst
Und ich nicht mehr
Gefangen bin
In meinen mustern
Der Selbstzerstörung

85.

Was mache ich
In dieser Welt
Immer von Rausch zu Rausch
Sucht um Sucht
Kater folgt auf Kater
Und ich bleibt zurück
Kann mich nicht entwickeln
Und sitze im Dunkeln
Die Gedanken verwirrend
Wie lange kann ich noch
Weitermachen
Und mich dabei nicht selbst vergessen
Ist doch alles
Von meiner Seele
Schon gefressen